E·N·S·E·M·B·L·E
[アンサンブル楽譜]

FULL SCORE

【参考音源CD付】 WSEW-19-001

Spain

作曲:Chick Corea　編曲:金山 徹

クラリネット4(5)重奏

B♭ Clarinet 1
B♭ Clarinet 2
B♭ Clarinet 3
**B♭ Clarinet 4*
Bass Clarinet
**Percussion*

＊イタリック表記の楽譜はオプション

パート譜は切り離してお使いください。

ジャズピアニスト、チック・コリアが手掛けた名曲で、ラテン音楽を基調としたエキサイティングなジャズ・ナンバーに仕上がっています。冒頭の美しい旋律は、チック・コリアが影響を受けたという、ホアキン・ロドリーゴの『アランフェス協奏曲』からの引用。様々なアーティストにカヴァーされており、今もなお世界中で愛され続けている名曲です。今回はそんなジャズの名曲『スペイン』がクラリネットのアンサンブル楽譜になって登場。カッコいい曲を演奏したい!そんな人にぴったりの楽曲です。クラリネットアンサンブルのレパートリーに加えてみてはいかがでしょうか♪

スペイン
Spain

Chick Corea 作曲
金山　徹 編曲

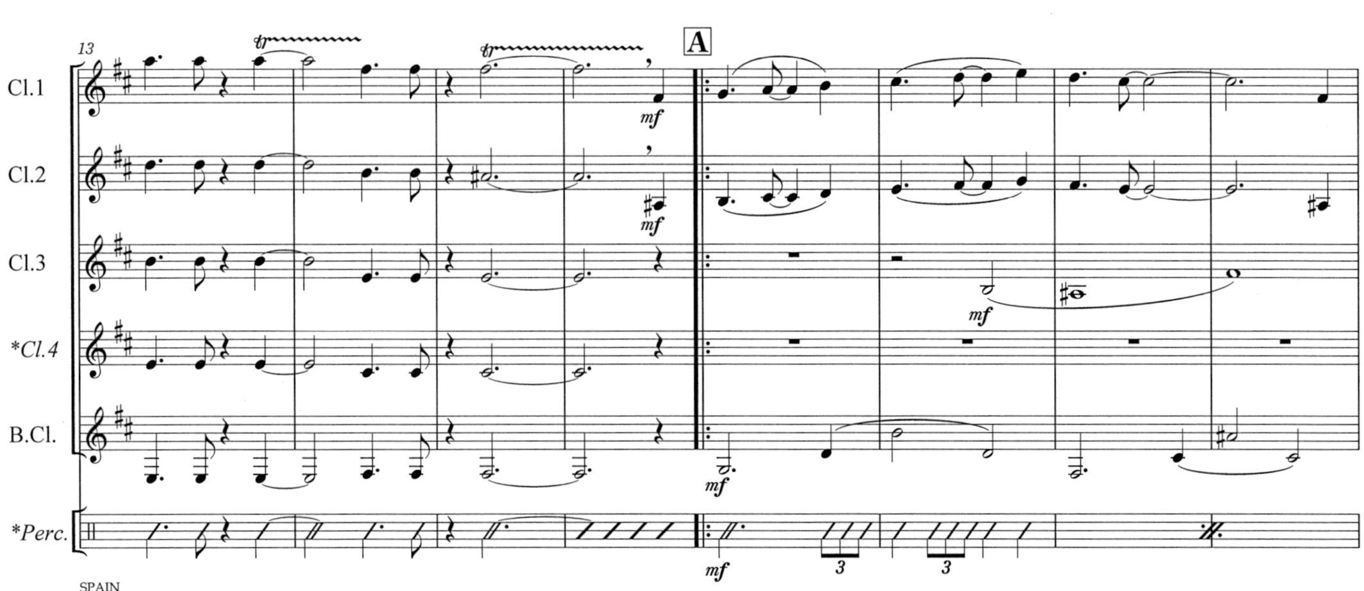

21
Cl.1
Cl.2
Cl.3
*Cl.4
B.Cl.
*Perc.
mf

29
B
Cl.1
Cl.2
Cl.3
*Cl.4
B.Cl.
*Perc.
Hand clap
f

35
Cl.1
Cl.2
Cl.3
*Cl.4
B.Cl.
*Perc.
1.

Winds Score
WSEW-19-001

42
C
Cl.1
Cl.2
Cl.3
*Cl.4
B.Cl.
*Perc.
f
tr
mf

48
2.
D
Cl.1
Cl.2
Cl.3
*Cl.4
B.Cl.
*Perc.
mf
3

55
Cl.1
Cl.2
Cl.3
*Cl.4
B.Cl.
*Perc.
3

MEMO

Percussion

スペイン

Spain

Chick Corea 作曲
金山 徹 編曲

Slowly 8 *rit.* **Fast in 2** *f*

15 [A] *mf* 3 3

23 [B] Hand clap *f*

31

39 1. [C] *f*

48 2. [D] *mf*

55

63

71 3. [E] *mf*

78

86

94 4. **Tempo I (Slowly)** *p* *f*

Winds Score
WSEW-19-001

MEMO

Bass Clarinet

Spain

Chick Corea　作 曲
金 山　徹　編 曲

MEMO

B♭ Clarinet 4

スペイン

Spain

Chick Corea 作曲
金山　徹 編曲

MEMO

B♭ Clarinet 3

Spain

Chick Corea　作曲
金山　徹　編曲

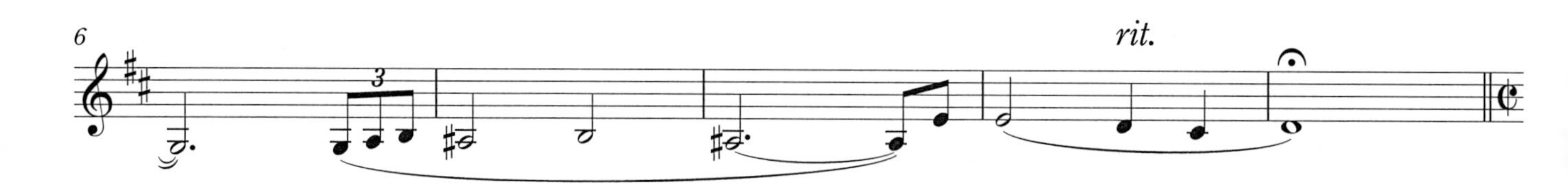

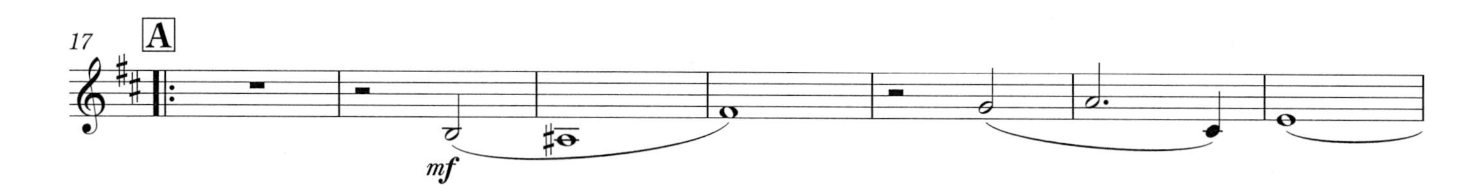

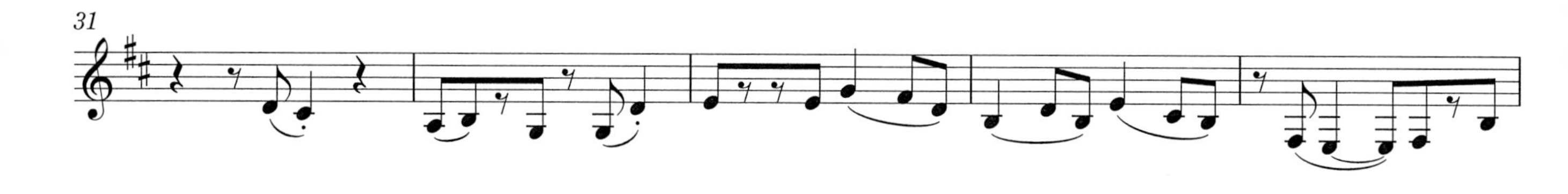

MEMO

B♭ Clarinet 2

Spain

Chick Corea 作曲
金山 徹 編曲

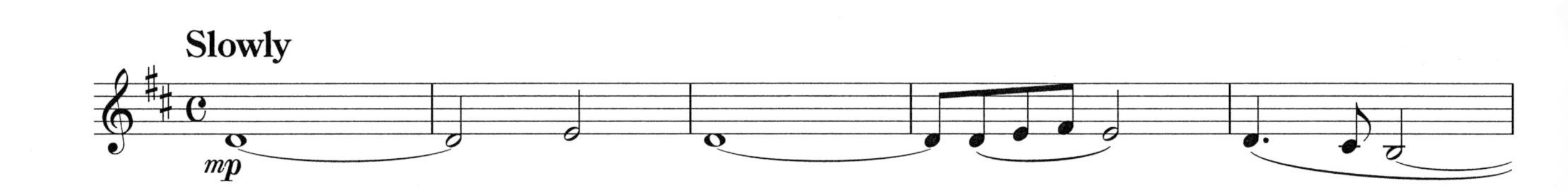

MEMO

B♭ Clarinet 1

スペイン

Spain

Chick Corea　作 曲
金山　徹　編曲

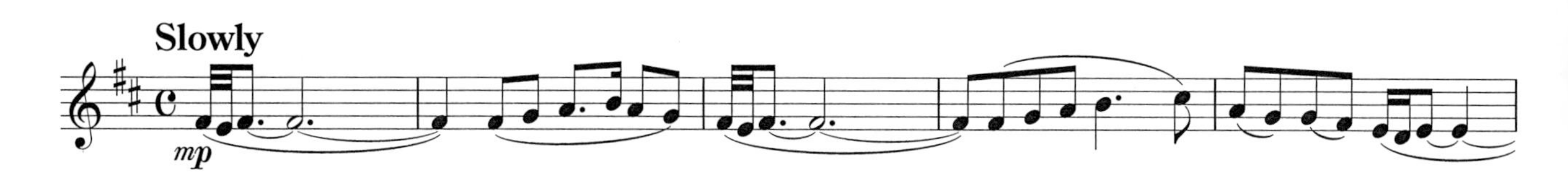

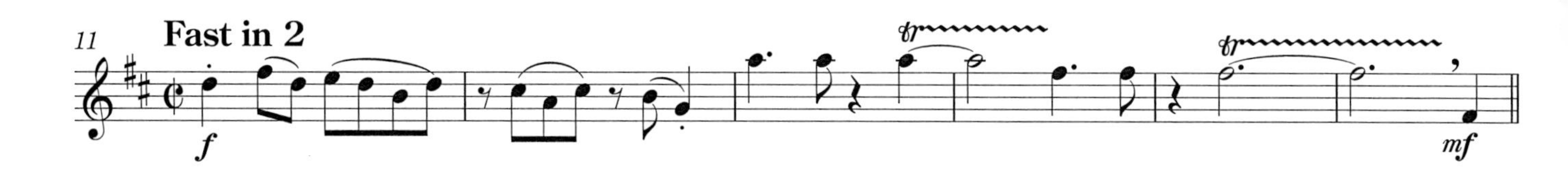

Winds Score
WSEW-19-001

45
2.
D
mf
52
mf
60
68
3.
E
GM7
Solo
f
75
F♯7
80
Em7
A7
85
DM7
GM7
90
C♯7(♭9)
F♯7
Bm7
95
B7
4.
Tempo I (Slowly)
p
f

MEMO

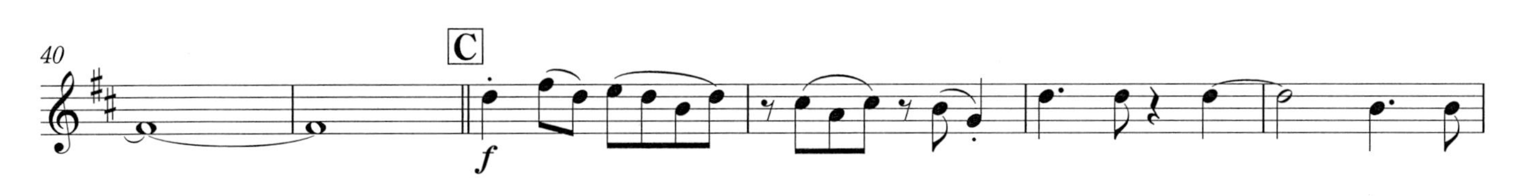
40
C
f

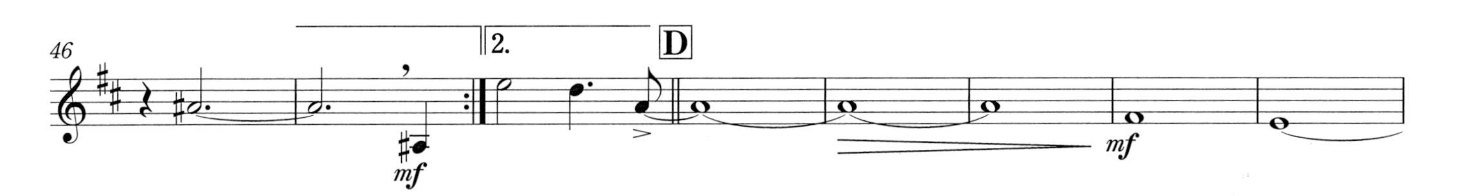
46
2.
D
mf
mf

54

62

70
3.
E
mf
mp

78

86

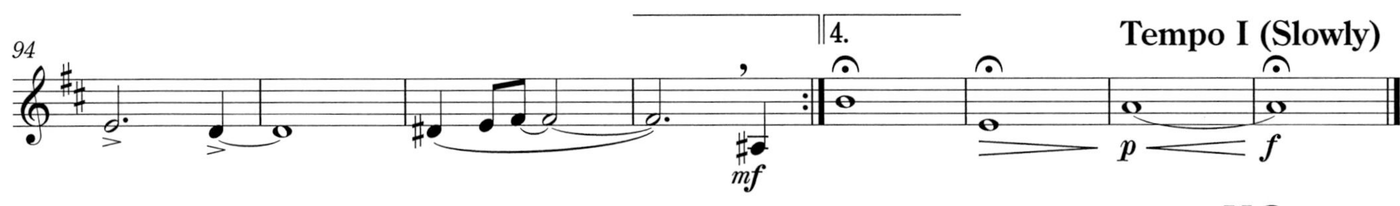
94
4.
Tempo I (Slowly)
mf
p
f

MEMO

42
C
f

48
2.
D
mf

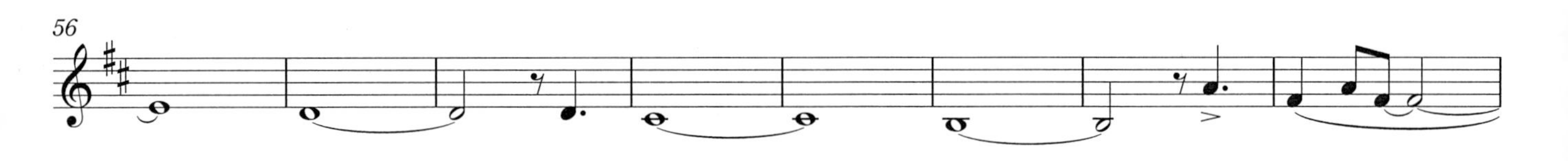
56

64

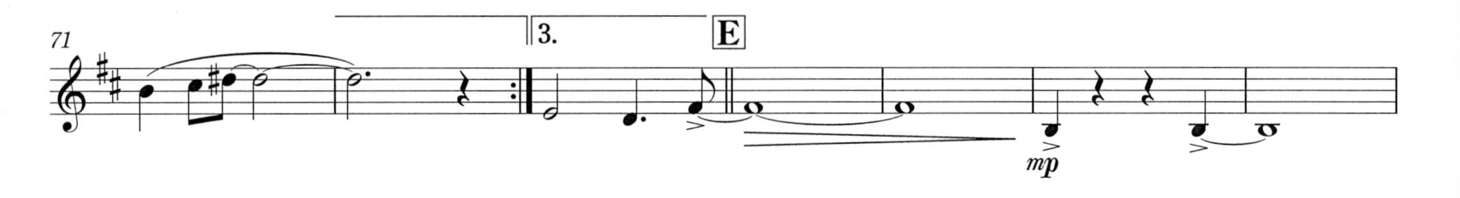
71
3.
E
mp

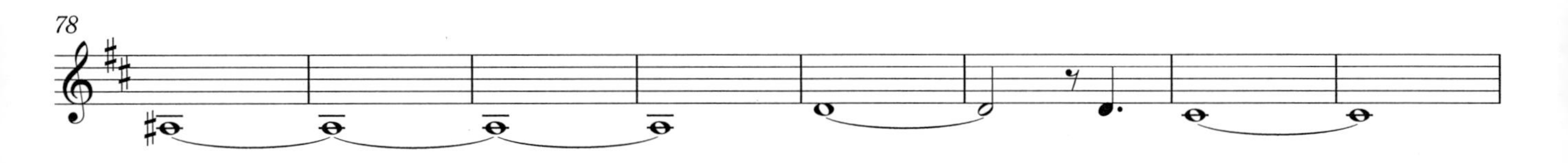
78

86

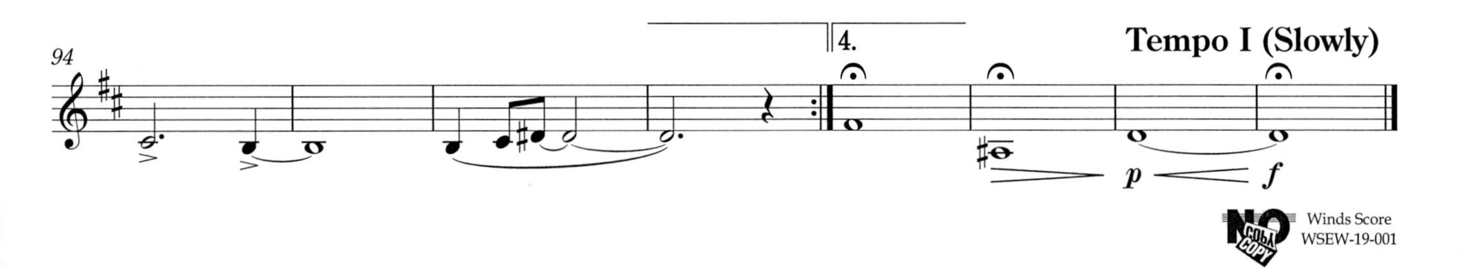
94
4.
Tempo I (Slowly)
p
f

MEMO

MEMO

48
2.
D
mf
54
60
66
72
3.
E
mp
78
84
90
96
4.
Tempo I (Slowly)
p
f

MEMO

MEMO

62
Cl.1
Cl.2
Cl.3
*Cl.4
B.Cl.
*Perc.

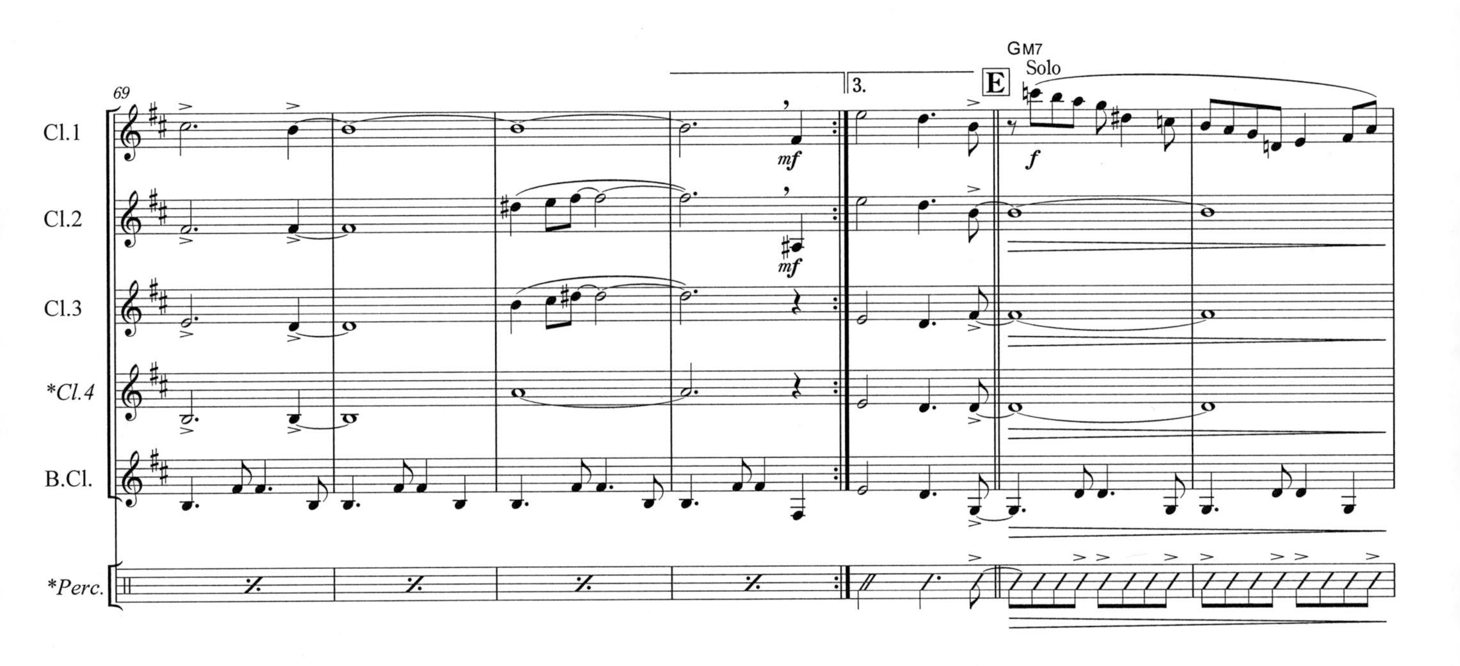
69
3.
E
GM7
Solo
Cl.1
Cl.2
Cl.3
*Cl.4
B.Cl.
*Perc.

76
F♯7
Cl.1
Cl.2
Cl.3
*Cl.4
B.Cl.
*Perc.

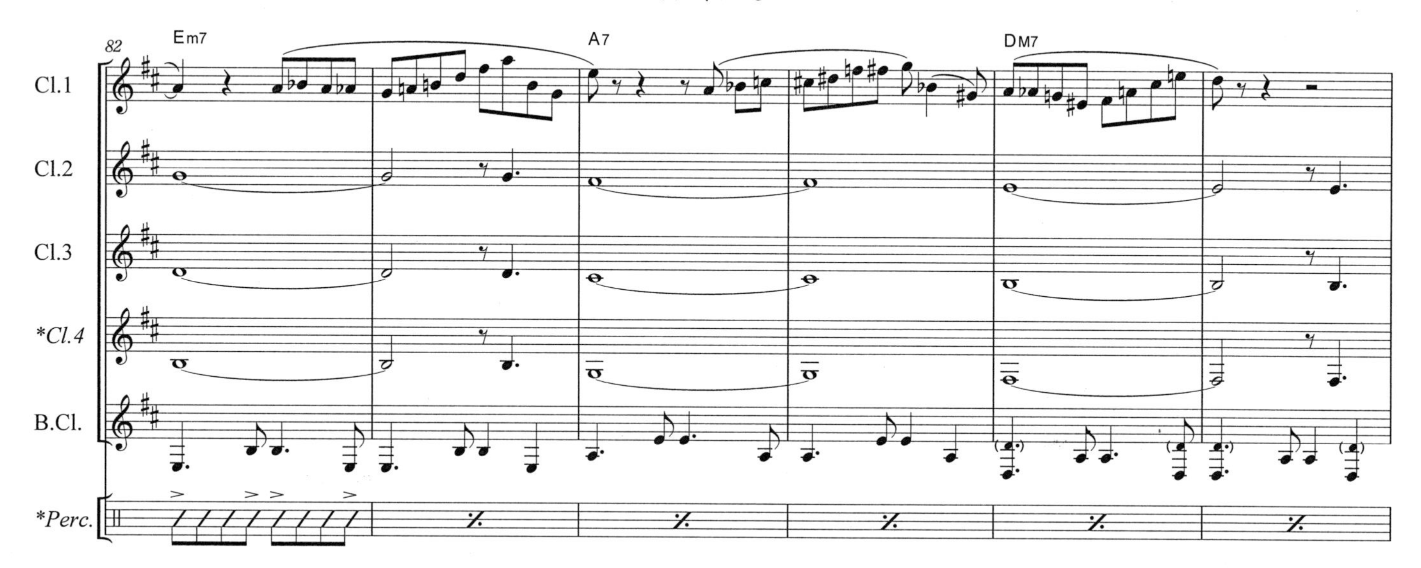
82
Em7
A7
DM7
Cl.1
Cl.2
Cl.3
*Cl.4
B.Cl.
*Perc.

88
GM7
C#7(♭9)
F#7
Cl.1
Cl.2
Cl.3
*Cl.4
B.Cl.
*Perc.

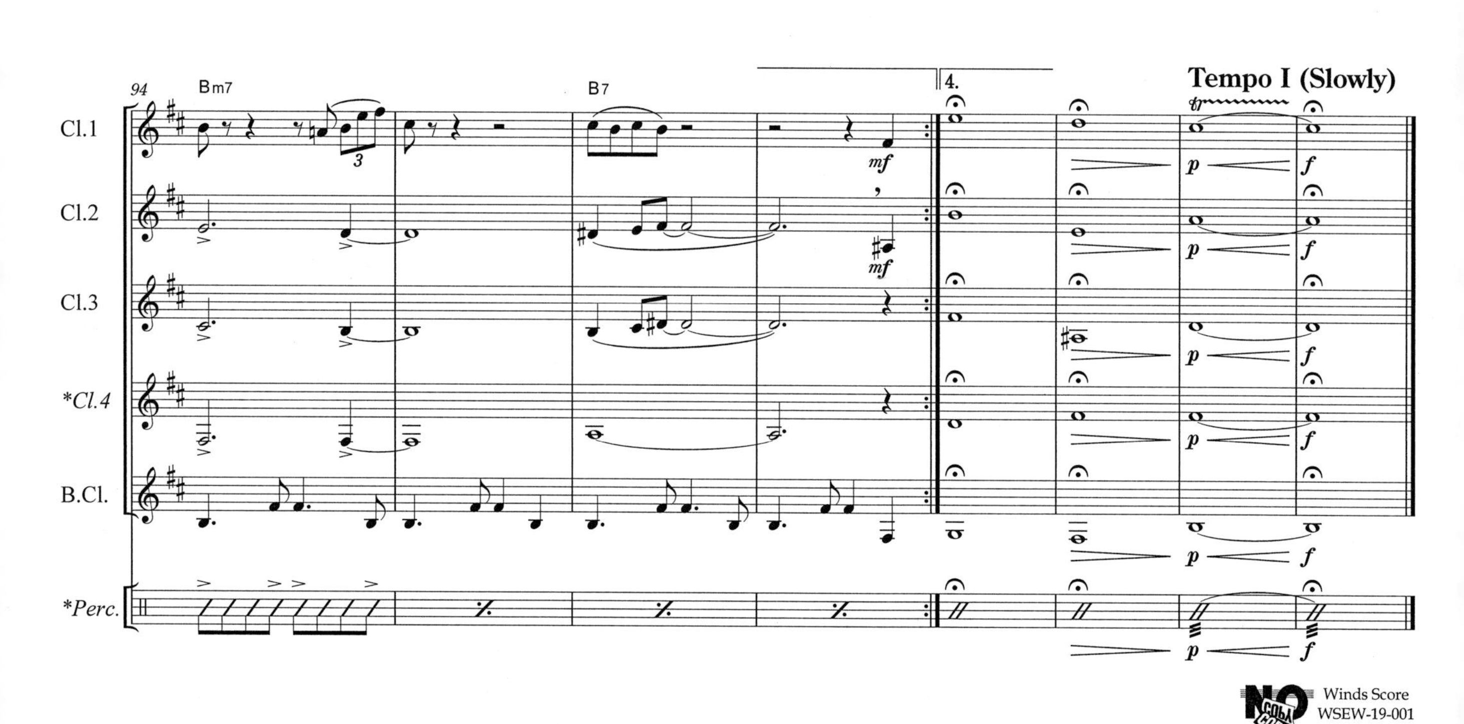
94
Bm7
B7
4.
Tempo I (Slowly)
Cl.1
Cl.2
Cl.3
*Cl.4
B.Cl.
*Perc.
mf
p
f